O MELHOR DO KARATÊ — 9
Bassai Sho, Kankū Sho, Chinte

M. Nakayama

O MELHOR DO KARATÊ — 9
Bassai Sho, Kankū Sho, Chinte

Tradução
EUCLIDES LUIZ CALLONI

EDITORA CULTRIX
São Paulo

Título do original:
Best Karate 9 — Bassai Sho, Kankū Sho, Chinte

Copyright © 1995 Kodansha International Ltd.

Publicado mediante acordo com Kodansha International Ltd.

Todos os direitos reservados. Nenhuma parte deste livro pode ser reproduzida ou usada de qualquer forma ou por qualquer meio, eletrônico ou mecânico, inclusive fotocópias, gravações ou sistema de armazenamento em banco de dados, sem permissão por escrito, exceto nos casos de trechos curtos citados em resenhas críticas ou artigos de revistas.

O primeiro número à esquerda indica a edição, ou reedição, desta obra. A primeira dezena à direita indica o ano em que esta edição, ou reedição, foi publicada.

Edição	Ano
2-3-4-5-6-7-8-9-10-11	07-08-09-10-11-12-13

Direitos de tradução para a língua portuguesa
adquiridos com exclusividade pela
EDITORA PENSAMENTO-CULTRIX LTDA.
Rua Dr. Mário Vicente, 368 — 04270-000 — São Paulo, SP
Fone: 6166-9000— Fax: 6166-9008
E-mail: pensamento@cultrix.com.br
http://www.pensamento-cultrix.com.br
que se reserva a propriedade literária desta tradução.

Sumário

Introdução	9
O que é o karatê-dō	13
Kata	15
Bassai Sho	19
Pontos Importantes	44
Kankū Sho	51
Pontos Importantes	92
Chinte	101
Pontos Importantes	138
Glossário	147

Dedicado
ao meu mestre

GICHIN FUNAKOSHI

Introdução

As últimas décadas assistiram a uma crescente popularidade do karatê-dō em todo o mundo. Entre os que foram atraídos por ele encontram-se estudantes e professores universitários, artistas, homens de negócios e funcionários públicos. O karatê passou a ser praticado por policiais e por membros das Forças Armadas do Japão. Em muitas universidades, tornou-se disciplina obrigatória, e o número das escolas que estão adotando essa medida cresce a cada ano.

Com o aumento da sua popularidade, têm surgido certas interpretações e atuações desastrosas e lamentáveis. Primeiro, o karatê foi confundido com o chamado boxe de estilo chinês, e sua relação com o *Te* de Okinawa, que lhe deu origem, não foi devidamente entendida. Há também pessoas que passaram a vê-lo como um mero espetáculo, no qual dois homens se atacam selvagemente, ou em que os competidores se golpeiam como se estivessem numa espécie de luta na qual são usados os pés, ou em que um homem se exibe quebrando tijolos ou outros objetos duros com a cabeça, com as mãos ou com os pés.

É lamentável que o karatê seja praticado apenas como uma técnica de luta. As técnicas básicas foram desenvolvidas e aperfeiçoadas através de longos anos de estudo e de prática; mas para se fazer um uso eficaz dessas técnicas, é preciso reconhecer o aspecto espiritual dessa arte de defesa pessoal e dar-lhe a devida importância. É gratificante para mim constatar que existem aqueles que entendem isso, que sabem que o karatê-dō é uma genuína arte marcial do Oriente, e que treinam com a atitude apropriada.

Ser capaz de infligir danos devastadores no adversário com um soco ou com um único chute tem sido, de fato, o objetivo dessa antiga arte marcial de origem okinawana. Mas mesmo os praticantes de antigamente colocavam mais ênfase no aspecto espiritual da arte do que nas técnicas. Treinar significa treinar o corpo e o espírito e, acima de tudo, a pessoa deve tratar o adversário com cortesia e a devida etiqueta. Não basta lutar com toda a força pessoal; o verdadeiro objetivo do karatê-dō é lutar em nome da justiça.

Gichin Funakoshi, um grande mestre do karatê-dō, observou repetidas vezes que o propósito maior da prática dessa arte é o cultivo de um espírito sublime, de um espírito de humildade. E, ao mesmo tempo, é desenvolver uma força capaz de destruir um animal selvagem enfurecido com um único golpe. Só é possível tornar-se um verdadeiro adepto do karatê-dō quando se atinge a perfeição nesses dois aspectos: o espiritual e o físico.

O karatê como arte de defesa pessoal e como meio de melhorar e manter a saúde existe há muito tempo. Nos últimos vinte anos, uma nova atividade ligada a essa arte marcial está sendo cultivada com êxito: *o karatê como esporte.*

No karatê como esporte as competições são realizadas com o objetivo de avaliar a habilidade dos participantes. É preciso salientar isso, pois também aqui há motivos para lastimar. Há nas competições a tendência de enfatizar demasiadamente a vitória, negligenciando a prática de técnicas fundamentais e com a preferência por praticar o jiyū kumite sempre que possível.

A ênfase no fato de vencer as competições não pode deixar de alterar as técnicas fundamentais que a pessoa usa e a prática na qual ela se envolve. E, como se isso não bastasse, o resultado será a incapacidade de se executar uma técnica poderosa e eficaz, que é, afinal, a característica peculiar do karatê-dō. O homem que começar a praticar prematuramente o jiyū kumite — sem ter praticado suficientemente as técnicas fundamentais — logo será surpreendido por um oponente que treinou as técnicas básicas longa e diligentemente. É simplesmente uma questão de comprovar o que afirma o velho ditado: a pressa é inimiga da perfeição. Não há outra maneira de aprender, a não ser praticando as técnicas e movimentos básicos, passo a passo, estágio por estágio.

Se é para realizar competições de karatê, que sejam organizadas em condições e no espírito adequado. O desejo de vencer uma disputa é contraproducente, uma vez que leva a uma falta de seriedade no aprendizado das regras básicas. Além disso, ter como objetivo uma exibição selvagem de força e vigor numa disputa é algo totalmente indesejável. Quando isso acontece, a cortesia para com o adversário é esquecida, e esta é de importância fundamental em qualquer modalidade do karatê. Acredito que essa questão merece muita reflexão e cuidado, tanto da parte dos instrutores como da parte dos estudantes.

Para explicar os numerosos e complexos movimentos do corpo, é meu desejo oferecer um livro inteiramente ilustrado, com um texto atualizado, baseado na experiência que adquiri com essa arte ao longo de um período de quarenta e seis anos. Esse desejo está sendo realizado com a publicação desta série, *O Melhor do Karatê*, em que meus primeiros escritos foram totalmente revistos com a ajuda e o estímulo de meus leitores. Esta nova série explica em detalhes o que é o karatê-dō numa linguagem que, espera-se, seja a mais simples possível, e espero sinceramente que seja de ajuda aos adeptos dessa arte. Espero também que os karatecas de muitos países consigam se entender melhor depois da leitura desta série de livros.

O que é o KARATÊ-DŌ

O objetivo principal do karatê-dō não é decidir quem é o vencedor e quem é o vencido. O karatê-dō é uma arte marcial para o desenvolvimento do caráter por meio do treinamento, para que o karateca possa superar quaisquer obstáculos, palpáveis ou não.

O karatê-dō é uma arte de defesa pessoal praticada de mãos vazias; nele, braços e pernas são treinados sistematicamente, e um inimigo que ataque de surpresa pode ser controlado por uma demonstração de força igual à que faz uso de armas.

A prática do karatê-dō faz com que a pessoa domine todos os movimentos do corpo, como flexões, saltos e balanço, aprendendo a movimentar os membros e o corpo para trás e para a frente, para a esquerda e para a direita, para cima e para baixo, de um modo livre e uniforme.

As técnicas do karatê-dō são bem controladas de acordo com a força de vontade do karateca e são dirigidas para o alvo de maneira precisa e espontânea.

A essência das técnicas do karatê-dō é o *kime*. O propósito do *kime* é fazer um ataque explosivo ao alvo usando a técnica apropriada e o máximo de força no menor tempo possível. (Antigamente, usava-se a expressão *ikken hissatsu*, que significa "matar com um golpe", mas concluir daí que matar seja o objetivo dessa técnica é tão perigoso quanto incorreto. É preciso lembrar que o karateca de outrora podia praticar o *kime* diariamente e com uma seriedade absoluta usando o makiwara.)

O *kime* pode ser realizado por golpes, socos ou chutes, e também por bloqueio. Uma técnica sem *kime* jamais pode ser considerada um verdadeiro karatê, por maior que seja a semelhança. Uma disputa não é exceção; entretanto, é contra as regras estabelecer contato por causa do perigo envolvido.

Sun-dome significa interromper a técnica imediatamente antes de estabelecer contato com o alvo (um *sun* equivale a cerca de três centímetros). Mas excluir o *kime* de uma técnica descaracteriza o verdadeiro karatê, de modo que o problema é como conciliar a contradição entre *kime* e *sun-dome*. A resposta é a seguinte: determine o alvo levemente à frente do ponto vital do adversário. Ele pode então ser atingido de uma maneira controlada com o máximo de força, sem que haja contato.

O treino transforma as várias partes do corpo em armas que podem ser usadas de modo livre e eficaz. A qualidade necessária para conseguir isso é o autocontrole. Para se tornar vencedor, o karateca antes precisa vencer a si mesmo.

KATA

Os *kata* do karatê-dō são combinações lógicas de técnicas de bloqueio, soco, golpe e chute em seqüências predeterminadas. Cerca de cinqüenta kata, ou "exercícios formais", são praticados atualmente; alguns deles foram transmitidos de geração em geração, enquanto outros se desenvolveram bastante recentemente.

Os kata podem ser divididos em duas grandes categorias. Uma inclui os kata apropriados ao desenvolvimento físico e ao fortalecimento dos ossos e dos músculos. Apesar de aparentemente simples, eles requerem tranqüilidade para ser executados e passam a impressão de força e dignidade quando praticados corretamente. Na outra categoria encontram-se os kata apropriados para o desenvolvimento de reflexos rápidos e da capacidade de movimentar-se com agilidade. Os movimentos-relâmpago desses kata sugerem o vôo rápido da andorinha. Todos os kata requerem e ajudam a desenvolver ritmo e coordenação.

O treino nos kata é tanto espiritual quanto físico. Na execução dos kata, o karateca deve mostrar coragem e confiança, mas também humildade, gentileza e um senso de decoro, integrando assim o corpo e a mente numa disciplina singular. Como Gichin Funakoshi lembrava freqüentemente a seus discípulos, "Sem cortesia, o karatê-dō perde o seu espírito".

Uma expressão dessa cortesia é a inclinação da cabeça feita no início e ao término de uma luta. A postura é *musubi-dachi* (postura informal de atenção), com os braços relaxados, as mãos tocando levemente as coxas e os olhos voltados diretamente para a frente.

Da reverência no início do kata, a pessoa passa ao *kamae* do primeiro movimento do kata. Essa é uma postura descontraída, em que a tensão, particularmente nos ombros e joelhos, é eliminada e a respiração flui com facilidade. O centro da força e da concentração é o *tanden*, o centro de gravidade. Nessa posição, o karateca deve estar preparado para qualquer eventualidade e mostrar-se cheio de espírito de luta.

O estado de relaxamento alerta, chamado *zanshin*, também caracteriza a reverência ao término do kata. No karatê-dō, como em outras artes marciais, é da maior importância levar o kata a uma conclusão perfeita.

Cada kata começa com uma técnica de bloqueio e consiste num número específico de movimentos que devem ser executados numa ordem predeterminada. Há certa variação na complexidade dos movimentos e no tempo necessário para concluí-los, mas cada movimento tem seu significado próprio e sua função, e nada é supérfluo. A execução do movimento se faz ao longo da *embusen* (linha de execução), que tem uma configuração predeterminada para cada kata.

Ao executar um kata, o karateca deve imaginar-se cercado de adversários e estar preparado para aplicar técnicas de defesa e de ataque em qualquer direção.

O domínio dos kata é pré-requisito para promoção através de *kyū* e *dan*. Os kata dos volumes 9, 10 e 11 desta série pertencem à categoria de kata livres que podem ser selecionados para avaliação acima do primeiro *dan*. Esses kata são de nível bastante avançado, e por isso a condição para um desempenho de sucesso é dominar antes os fundamentos, as técnicas básicas e os kata exigidos.

Pontos Importantes

Como os efeitos da prática são cumulativos, pratique todos os dias, mesmo que seja por alguns minutos apenas. Ao executar um kata, mantenha-se calmo e realize os movimentos sem pressa. Isso significa estar sempre atento ao tempo correto de execução de cada movimento. Se um determinado kata lhe parecer difícil, dedique-se a ele com mais intensidade e lembre-se sempre da relação que existe entre a prática do kata e do kumite. (*Ver* vols. 3 e 4.)

Os pontos específicos no desempenho são:

1. *Ordem correta.* O número e a seqüência dos movimentos são predeterminados. Todos têm de ser executados.

2. *Início e término.* O kata tem de ser iniciado e concluído no mesmo ponto da *embusen.* Isso exige prática.

3. *Significado de cada movimento.* Cada movimento, defensivo ou ofensivo, tem de ser claramente entendido e plenamente expressado. Isso se aplica também aos kata como um todo, uma vez que cada um tem características próprias.

4. *Consciência do alvo.* O karateca precisa saber qual é o alvo e quando precisamente executar uma técnica.

5. *Ritmo e senso do momento oportuno.* O ritmo deve ser apropriado ao kata específico e o corpo tem de ser flexível, sem tensões exageradas. Três fatores sempre devem ser lembrados: uso correto da força, rapidez ou lentidão ao executar as técnicas e distensão e contração dos músculos.

6. *Respiração adequada.* A respiração deve ajustar-se à situação, mas basicamente o karateca deve inspirar ao fazer o bloqueio e expirar ao executar uma técnica de arremate, e inspirar e expirar ao executar técnicas sucessivas.

O *kiai,* que pode ocorrer no meio ou no fim do kata, num momento de tensão máxima, mantém relação estreita com a respiração. Uma expiração intensa e a contração do abdômen conferem aos músculos uma força extra.

Padronização

Os kata básicos Heian e Tekki e os kata livres de Bassai a Jion são todos essencialmente importantes ao Shōtōkan. Em 1948, discípulos das universidades de Keio, Waseda e Takushoku se reuniram com o mestre Gichin Funakoshi na Universidade Waseda. O objetivo da reunião era elaborar um conjunto de idéias com vistas à unificação dos kata, que haviam estado sujeitos a diversas interpretações individuais e subjetivas no período pós-guerra. A apresentação dos kata na série *O Melhor do Karatê* adota os critérios de padronização definidos nessa ocasião.

Ritmo

BASSAI SHO

1 2 3 4 5 6 7 8 9 10 11 12 13 14 15 16 17 18 19 20
21 22 23 24 25 26 27

KANKŪ SHO

1 2 3 4 5 6 7 8 9 10 11 12 13 14 15 16 17 18 19 20
21 22 23 24 25 26 27 28 29 30 31 32 33 34 35 36 37
38 39 40 41 42 43 44 45 46 47

CHINTE

1 2 3 4 5 6 7 8 9 10 11 12 13 14 15 16 17 18 19 20
21 22 23 24 25 26 27 28 29 30 31 32 33

contínuo, rápido — vigorosamente
forte, contínuo, rápido lenta, vigorosamente
forte *kiai*
cada vez mais forte

Bassai Sho

Yōi

Shizen-tai para *musubi-dachi* para *heisoku-dachi*. Depois de inclinar-se, assuma *heisoku-dachi* e abra ambas as mãos. Posicione a palma esquerda (palma para a direita) verticalmente sobre a palma direita (palma para a esquerda) diante do baixo-ventre.

1a *Ryō shō de kōhō o harau*

Ryō kō soto muki

Bloqueio lateral de ataque por trás com ambas as mãos   Gire à esquerda sobre a perna esquerda. Dê um passo duplo à frente com o pé direito e bloqueie lateralmente ataque por trás com a palma direita.

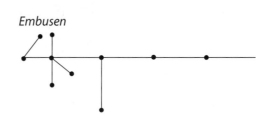

Embusen

Heisoku-dachi

1b *Ryō shō jōdan yoko barai*   *Ryō kō ushiro muki Shōmen muki hanmi*

Migi ashi mae kōsa-dachi

Bloqueio lateral de nível superior com ambas as mãos   Alinhe a palma esquerda tocando o dorso da mão direita (palmas para fora); bloqueie com o dorso das mãos.

2a Migi shō hitai mae ni kazasu / Hidari shō hidari koshi mae
Migi kokō mae muki / Kō ushiro naname shita muki / Hidari kō shita muki

Mão direita na frente da testa/Mão esquerda no quadril esquerdo Leve ambas as mãos para o lado esquerdo, como se bloqueasse uma vara diagonalmente. Distância entre as mãos, cerca de 60cm.

3a Migi maeude gedan sukui uke
Kō naname shita muki

Bloqueio em concha para baixo com o antebraço direito Rode sobre a perna direita, gire os quadris para a direita. Enquanto leva o pé direito para junto do esquerdo, execute o bloqueio em semicírculo.

2b Hidari te hidari kata mae | Hidari hiji yaya mageru
Migi shō migi kata ue | Tekubi o kaeshi kō ue muki

Migi kōkutsu-dachi

Braço esquerdo estendido diretamente para fora desde o ombro esquerdo/Mão direita acima do ombro direito   Execute a e b num movimento contínuo único, aumentando a força lenta mas gradualmente.

3b Migi gedan barai
Kō naname ue muki

Heisoku-dachi

Bloqueio para baixo à direita   Vire o punho direito para cima e golpeie diagonalmente para baixo desde acima da cabeça num amplo movimento circular para a esquerda.

4 Ryō shō bō uke

Bloqueio com vara presa com as duas mãos   Deslize o pé esquerdo à frente para a postura recuada direita. Esta técnica é igual à do Movimento 2.

5 Migi shō o hidari ken ue ni kasaneru   Migi kō shita muki/Hidari
Hidari ken hidari koshi kamae   kō shita muki/Shōmen muki

Heisoku-dachi

Mão direita sobre o punho esquerdo/Punho esquerdo no quadril esquerdo   Rode sobre a perna direita, gire os quadris para a esquerda e leve o pé esquerdo para trás.

Hidari muki hanmi

Migi kōkutsu-dachi

6 Migi haitō migi yoko jōdan yoko uchi
Migi sokutō yoko keage

Kō shita muki

Hidari ashi-dachi

Golpe no nível superior com o dorso da mão direita em espada para a direita / Chute explosivo à direita com o pé direito em espada

7 *Hidari tate shutō chūdan yoko uke*
Migi ken migi koshi ni kaikomu

Bloqueio de nível médio para o lado com a mão esquerda em espada vertical/Punho direito volta ao lado direito   Abaixe a perna de chute e leve a mão esquerda à frente num movimento em arco desde debaixo do cotovelo direito.

8 *Migi chūdan-zuki*

Kiba-dachi

Soco direto no nível médio com a mão direita

Hiji nobashi tekubi tateru

Kiba-dachi

9 Hidari chūdan-zuki

Kiba-dachi

Soco direto no nível médio com a mão esquerda

10 Migi ken migi yoko jōdan uchi uke
   Hidari ken hidari yoko gedan uke

Bloqueio de nível superior, de dentro para fora, com o punho direito para a direita /Bloqueio de nível inferior com o punho esquerdo para a esquerda   Rode sobre a perna direita, gire os quadris para a esquerda. Abra a mão direita e movimente-a com vigor desde debai-

11 Hidari ken hidari yoko jōdan uchi uke
   Migi ken migi yoko gedan uke

Bloqueio de nível superior, de dentro para fora, com o punho esquerdo para a esquerda/Bloqueio de nível inferior com o punho direito para a direita   Gire os quadris vigorosa-

Shōmen muki/Kao hidari muki

Migi kōkutsu-dachi

xo do cotovelo esquerdo até o lado direito, bem no alto e para trás, fechando simultaneamente o punho. Cotovelo direito no nível do ombro. (cf. Jitte 19, Jion 18)

Shōmen muki/Kao migi muki

Hidari kōkutsu-dachi

mente. Os pontos essenciais são os mesmos do Movimento 10.

12 *Migi shutō uke*

Bloqueio com a mão direita em espada   Rode sobre a perna esquerda, gire os quadris para a esquerda. Deslize o pé direito para a frente.

13 *Hidari shutō uke*

Shōmen muki hanmi

14 *Migi shutō uke*

Migi kōkutsu-dachi

Bloqueio com a mão esquerda em espada   Deslize o pé esquerdo para a frente.

Bloqueio com a mão direita em espada

Shōmen muki hanmi

Hidari kōkutsu-dachi

15 Hidari shutō uke

Shōmen muki hanmi   *Shōmen muki hanmi*

Hidari kōkutsu-dachi   *Migi kōkutsu-dachi*

Deslize o pé direito para a frente.   Bloqueio com a mão esquerda em espada   Recue o pé direito.

16 Ryō shō tsukami uke

Bloqueio agarrando com ambas as mãos   Gire os quadris para a esquerda, mantendo os pés no lugar. Descreva um arco à frente com a mão direita desde debaixo do cotovelo

17 Ryō shō tsukami yose
Migi sokutō gedan kekomi

Agarrando e puxando com ambas as palmas/Chute de estocada no nível inferior com o pé direito em espada   Agarre os dois punhos e puxe-os vigorosamente para a direita do

Shōmen muki gyaku hanmi

Hidari zenkutsu-dachi

esquerdo. Ambas as palmas para baixo. Esse movimento é igual ao Bassai Dai 18, 19.

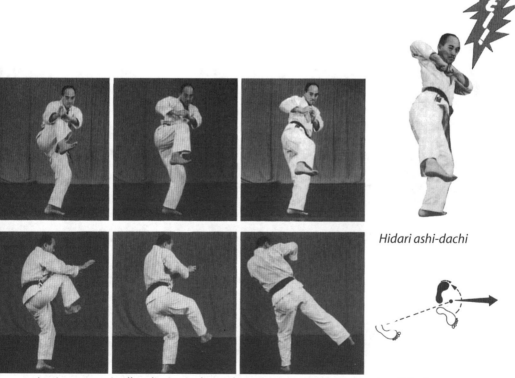

Hidari ashi-dachi

peito. Levante o joelho direito à altura do peito (entre os braços estendidos).

18 Ryō ken chūdan kakiwake uke

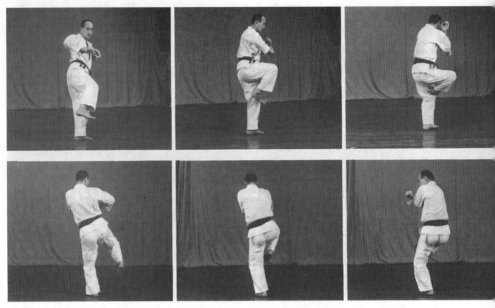

Bloqueio de nível médio em cunha inversa Depois do chute de estocada, abaixe o pé direito e, simultaneamente, gire os quadris para a esquerda. Bloqueie na direção inversa do tronco.

19 Ryō ken chūdan-zuki

Soco no nível médio com ambos os punhos Mantendo a posição, deslize os pés para a frente enquanto golpeia. Leve os punhos para junto do peito imediatamente.

Hiji mage/Ryō kō shita muki
Ushiro muki

Migi kōkutsu-dachi

Kō shita muki

Migi kōkutsu-dachi

20a *Migi ken o hidari ken no ue ni kasaneru*

Punho direito sobre o punho esquerdo Num movimento circular, leve o punho direito ao quadril esquerdo como se fosse bloquear um ataque no nível superior; simultaneamente, leve o punho esquerdo ao quadril esquerdo. Gire para a esquerda.

21 *Hidari shutsui hidari yoko chūdan uchi*
Migi ken migi koshi kamae

Kiba-dachi

Golpe no nível médio com punho em martelo esquerdo para a esquerda/Punho direito junto ao quadril direito Movimente o punho em martelo esquerdo desde debaixo do braço direito. Gire o punho direito enquanto o leva de volta ao quadril direito.

20b Migi ken migi yoko chūdan-zuki (Tsuki uke)
Hidari ken migi yoko chūdan-zuki

Kiba-dachi

Soco no nível médio com a mão direita para a direita (bloqueio soqueando)/Soco no nível médio com a mão esquerda para a direita. Dê um passo à direita com o pé direito. Soqueie com ambos os punhos simultaneamente.

22 Migi chūdan oi-zuki

Migi zenkutsu-dachi

Soco de estocada no nível médio com a mão direita Deslize o pé direito à frente.

23 *Migi ken migi yoko chūdan-zuki*
   Hidari ken migi yoko chūdan-zuki

Soco no nível médio com a mão direita para a direita/Soco no nível médio com a mão esquerda para a direita   Gire os quadris num movimento amplo para a esquerda; a perna esquerda como pivô.

24 *Hidari ken hidari yoko chūdan-zuki*
   Migi ken hidari yoko chūdan-zuki

Soco no nível médio com a mão esquerda para a esquerda/Soco no nível médio com a mão direita para a esquerda   Com a direita como perna-pivô, gire os quadris para a direita.

Kiba-dachi

Kiba-dachi

25 *Migi ken migi yoko chūdan-zuki*
Hidari ken migi yoko chūdan-zuki

Soco no nível médio com a mão direita para a direita/Soco no nível médio com a mão esquerda para a direita   Gire os quadris para a esquerda, com a perna esquerda como pivô.

26 *Hidari shō chūdan tsukami uke*
Migi shō gedan tsukami uke

Bloqueio agarrando de nível médio com a mão esquerda/Bloqueio agarrando de nível inferior com a mão direita   Num arco amplo, leve a mão esquerda desde debaixo do braço direito até a frente do ombro esquerdo. Movimente a mão direita elevando-a acima da

Kiba-dachi

Ryō kō ue muki/Kokō tomo ni mae muki

Hidari ashi mae neko ashi-dachi

cabeça e do ombro esquerdo, e em seguida para baixo na direção do quadril esquerdo. Cruze as mãos na frente do rosto, como se estivesse delineando uma montanha.

27 Migi shō chūdan tsukami yose
Hidari shō chūdan tsukami yose

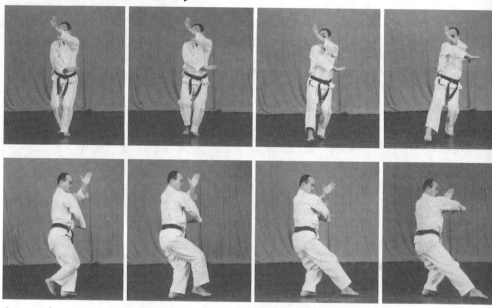

Agarrando e puxando no nível médio com a mão direita/Agarrando e puxando no nível inferior com a mão esquerda   Com o pé esquerdo como pivô, leve o pé direito para a frente do pé esquerdo; em seguida, transfira o peso para a perna esquerda. Assuma a

Naore

Leve o pé direito para junto do esquerdo; retorne a *Yōi*.

Neko ashi-dachi

postura do gato, com o pé direito descrevendo lentamente um arco desde a esquerda. Volte-se para o lado direito.

Heisoku-dachi

BASSAI SHO: PONTOS IMPORTANTES

O Bassai Sho deve ser praticado depois de se ter o domínio do Bassai Dai. Os dois kata formam uma série; a diferença está em que o Bassai Dai mostra força e solenidade externas, ao passo que o Bassai Sho, na calma de suas técnicas, contém força interior.

As características básicas do Bassai Sho são os movimentos em arco das mãos e dos pés e o uso da mão em espada, do dorso da mão e da boca de tigre. As técnicas aprendidas neste kata são defesas contra ataques com vara. Com freqüência, usa-se a palma com esse objetivo e a força é importante para cada bloqueio, especialmente contra varas pesadas. Os pulsos, os cotovelos e os joelhos devem ser flexíveis, mas as posições devem ser firmes.

De importância especial são a correta aplicação da força e a velocidade apropriada ao executar as técnicas. Este kata é um bom meio para aprender a bloquear com força e contra-atacar com vigor depois de tensionar os músculos lentamente, de acordo com a respiração.

O Bassai Dai faz parte do Vol. 6 desta série.

1. Movimento 1. Enquanto você se prepara para dar o passo e bloquear o ataque frontal, desvie para o lado com ambas as palmas o ataque com vara desferido por trás. Use ambas as mãos para bloquear um ataque no nível superior frontal.

2. Movimento 2. Este é um bloqueio muito eficaz contra um ataque de vara desferido contra a cabeça. Com bocas de tigre abertas e ambas as palmas voltadas para cima, agarre e segure a vara pelo meio. Leve o cotovelo direito para trás, girando o pulso no momento em que ele passa pela frente da testa. Simultaneamente, levante a mão esquerda e firme o lado esquerdo do corpo.

3. Movimento 3. Para bloquear um chute lateral, desloque a mão direita num movimento amplo desde acima do ombro coordenando-o com a rotação dos quadris para a direita. Desvie o chute para o lado com o antebraço, lado do polegar. Continue com um arremesso ou com um golpe de punho em martelo no lado do corpo do atacante.

4. Movimento 19. Ao executar um bloqueio em cunha inversa, deve haver a sensação de puxar os braços do atacante para fora e para você. Depois de bloquear, diminua a distância deslizando os pés e endireite ambos os cotovelos para um soco de perto com ambos os punhos.

5. Movimento 20. Bloqueie o soco de nível superior do oponente com o pulso direito, lado do dedo mínimo, girando o pulso enquanto desloca o braço desde diretamente acima do quadril esquerdo. Endireite o cotovelo direito para bloquear soqueando. Simultaneamente, soqueie o plexo solar com o punho esquerdo.

6. Movimentos 26/27. Para contra-atacar um soco no seu plexo solar desferido obliquamente pela esquerda, gire ambas as mãos desde acima da cabeça e agarre o pulso do atacante com a mão direita e o cotovelo com a mão esquerda. Desloque o pé esquerdo para fora em arco, desequilibrando o oponente enquanto prende o tornozelo dele. Use a mesma técnica para bloquear um ataque vindo da direita.

Kankū Sho

Yōi

1 Hidari morote chūdan uke

Bloqueio de nível médio com o antebraço esquerdo apoiado pelo direito Deslize o pé direito meio passo para a direita. Punho direito junto ao cotovelo esquerdo. Dorso dos punhos para baixo.

Embusen

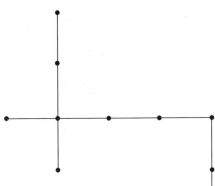

Hachinoji-dachi

Hidari muki hanmi

Migi kōkutsu-dachi

53

2 Migi morote chūdan uke

Bloqueio de nível médio com o antebraço direito apoiado pelo esquerdo   Deslize os pés para a esquerda.

3 Hidari morote chūdan uke

Bloqueio de nível médio com o antebraço esquerdo apoiado pelo direito   Deslize o pé direito para trás para assumir posição.

Migi muki hanmi

Hidari kōkutsu-dachi

Shōmen muki hanmi

Migi kōkutsu-dachi

4a Migi chūdan oi-zuki

Soco de estocada no nível médio com a mão direita   Deslize o pé direito um passo à frente.

4b Migi maeude hineri

5a Hidari chūdan oi-zuki

Migi zenkutsu-dachi

Gire o antebraço direito   Relaxe o cotovelo imediatamente.
Firme o lado direito, aproximando naturalmente o cotovelo do corpo.

Shōmen muki

Migi zenkutsu-dachi

Hidari zenkutsu-dachi

Soco de estocada no nível médio com a mão esquerda

5b Hidari maeude hineri

Hidari zenkutsu-dachi

Gire o antebraço esquerdo Deslize o pé esquerdo um passo à frente. Igual ao Movimento 4.

6 Migi chūdan oi-zuki

Soco de estocada no nível médio com a mão direita

7 Migi shō tsukami uke
Hidari shō migi tekubi o tsukamu

Bloqueio agarrando com a palma direita/Segure o pulso direito com a mão esquerda Rode sobre a perna direita, gire os quadris para a esquerda. Inverta a direção rapidamente.

Shōmen muki

Migi zenkutsu-dachi

Kokō hiraku
Ushiro muki gyaku hanmi

Hidari zenkutsu-dachi
(yaya asaku)

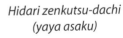

Abra o punho direito e leve-o à frente circularmente desde debaixo do cotovelo esquerdo, agarrando. Use a mão esquerda para levar o pulso direito na direção do corpo.

8 *Migi mae keage*

Hidari ashi-dachi

Chute explosivo à frente com o pé direito Execute o chute enquanto leva o cotovelo direito com vigor para o lado direito.

9 Migi uraken jōdan tate mawashi uchi
Hidari ken hidari koshi

Kō shita muki
Ushiro muki hanmi

Golpe vertical no nível superior com o dorso do punho direito/Punho esquerdo no lado esquerdo   Leve o pé esquerdo para trás do tornozelo direito para assumir posição.

Migi ashi mae kōsa-dachi

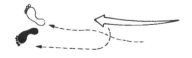

10 Migi chūdan uchi uke
Hidari ken hidari koshi

Kō shita muki
Ushiro muki hanmi

Bloqueio de nível médio à direita, de dentro para fora/Punho esquerdo no lado esquerdo
Dê um passo para trás com o pé esquerdo. Mantenha o cotovelo direito no lugar; leve o punho direito para a direita desde debaixo do braço esquerdo, cotovelo dobrado,

12 Migi chūdan-zuki
Hidari ken hidari koshi

13 Migi ken migi yoko
chūdan uchi uke

Migi zenkutsu-dachi

Soco no nível médio com a mão direita/Punho esquerdo no lado esquerdo
Os Movimentos 11 e 12 são alternados.

62

11 Hidari chūdan-zuki
Migi ken migi koshi

Migi zenkutsu-dachi

Migi zenkutsu-dachi

antebraço inclinado para cima.

Soco no nível médio com a esquerda/ Punho direito no lado direito

Hidari ken zenpō gedan barai

Shōmen muki hanmi

Migi kōkutsu-dachi

Bloqueio de nível médio à direita, de dentro para fora, com o punho direito/Bloqueio embaixo com o punho esquerdo para a frente   Rode sobre a perna direita, gire os quadris para a esquerda. Inverta a direção rapidamente.

14   Hidari ken furioroshi uchi
Migi ken migi koshi

Golpe girando para baixo com o punho esquerdo/Punho direito no lado direito   Leve o punho esquerdo até o ombro direito e faça um arco desde o queixo, girando para baixo

15   Migi shō tsukami uke
Hidari shō migi tekubi o tsukamu

Bloqueio agarrando com a palma direita/Segure o pulso direito com a mão esquerda   Igual ao Movimento 7.

**Kō ue muki
Shōmen muki hanmi**

Hidari mae renoji-dachi

para golpear com os nós das segundas articulações.

**Shōmen muki
gyaku hanmi**

Hidari zenkutsu-dachi

16 Migi mae keage

Hidari ashi-dachi

Chute explosivo para a frente com o pé direito   Como no Movimento 8.

**Kō shita muki
Shōmen muki hanmi**

18 Migi chūdan uchi uke

Kōsa-dachi

Golpe vertical no nível superior com o dorso do punho direito   Como no Movimento 9.

17 Migi uraken jōdan tate mawashi uchi

Kō shita muki
Shōmen muki hanmi

Migi zenkutsu-dachi

Bloqueio de nível médio à direita, de dentro para fora   Recue um passo com o pé esquerdo. Como no Movimento 10.

19 Hidari chūdan-zuki

Migi zenkutsu-dachi

Soco no nível médio com a mão esquerda

21 Migi ken migi yoko chūdan uchi uke
Hidari ken zenpō gedan barai

Bloqueio de nível médio à direita, de dentro para fora, com o punho direito/Bloqueio embaixo com o punho esquerdo para a frente   Rode sobre a perna esquerda, gire os quadris

20 Migi chūdan-zuki

Migi zenkutsu-dachi

Soco no nível médio com a mão direita   Os movimentos 19 e 20 são alternados.

Ushiro muki

Migi kōkutsu-dachi

para a esquerda. Inverta a direção rapidamente. Como no Movimento 13.

22 Hidari ken furioroshi uchi
Migi ken migi koshi

Golpe girando para baixo com o punho esquerdo/Punho direito no lado direito   Como o Movimento 14.

23 Migi ken migi yoko jōdan uchi uke
Hidari ken hidari yoko gedan uke

Bloqueio de nível superior à direita, de dentro para fora, com o punho direito/Bloqueio de nível inferior à esquerda com o punho esquerdo   Rode sobre a perna direita, gire os qua-

Hiji nobashi kō ue muki
Ushiro muki hanmi

Hidari mae renoji-dachi

Ushiro muki/Kao hidari muki

Migi kōkutsu-dachi

dris para a esquerda. Abra e segure o punho direito enquanto o leva desde debaixo do cotovelo esquerdo até o lado direito, bem acima.

24 Hidari ken hidari yoko chūdan-zuki
Migi ken hidari yoko chūdan-zuki

Soco no nível médio à esquerda com o punho esquerdo/Soco no nível médio à esquerda com o punho direito   Deslize os pés para a esquerda. Gire o punho esquerdo para a direita;

25 Hidari ken hidari yoko jōdan uchi uke
Migi gedan barai

Bloqueio de nível superior à esquerda, de dentro para fora, com o punho esquerdo/Bloqueio de nível inferior à direita com o punho direito

Ushiro muki/Kao hidari muki

Kiba-dachi

projete ambos os punhos simultaneamente para a esquerda com os braços paralelos.

Ushiro muki/Kao migi muki

Hidari kōkutsu-dachi

26 Migi ken migi yoko chūdan-zuki
Hidari ken migi yoko chūdan-zuki

Soco no nível médio à direita com o punho direito/Soco no nível médio à direita com o punho esquerdo   Igual ao Movimento 24.

27 Ryō shō bō uke

Bloqueio de vara presa com ambas as mãos   Leve o pé esquerdo meio passo à direita para sustentar o peso do corpo; gire os quadris para a esquerda enquanto desliza o pé direito um passo para a frente. Abra a palma direita, leve-a circularmente para a frente

Ushiro muki/Kao migi muki

Kiba-dachi

Ushiro muki hanmi

Hidari Kōkutsu-dachi

do quadril direito com o cotovelo levemente esticado, palma para cima. Leve a palma esquerda, inclinada para cima, para a frente da testa.

28 *Migi ken naname shita ni oshinobasu* *Hidari ken migi chichi mae*

Migi kō ue muki
Hidari kō shita muki
Ushiro muki hanmi

Leve o punho direito diagonalmente para baixo/Punho esquerdo na frente do lado direito Deslize os pés ligeiramente para a frente. Feche ambos os punhos e arremeta com vigor diagonalmente para baixo enquanto gira os pulsos.

Salto com giro de 360º - Pule alto, pernas dobradas, e gire 360º para a esquerda. O salto deve ser de pelo menos 40 a 50 cm para evitar que a vara atinja as pernas.

29a *Tobiagari ichi kaiten*

Hidari kōkutsu-dachi

29b *Migi shutō chūdan uke*

Hidari kōkutsu-dachi

Bloqueio de nível médio à direita com a mão em espada *O bloqueio deve ser completa-*
do na descida.

30 *Hidari uraken jōdan yoko mawashi uchi*
Hidari yoko keage/Migi ken migi koshi

Golpe horizontal no nível superior com o dorso do punho esquerdo/Chute explosivo lateral com o pé esquerdo/Punho direito no lado direito

31 *Migi empi uchi*

Golpe com o cotovelo direito   Imediatamente após firmar o pé esquerdo no chão, golpeie a palma esquerda com o cotovelo direito.

**Ushiro muki
Kao hidari muki**

Migi ashi-dachi

Hidari muki

Hidari zenkutsu-dachi

32 Migi uraken jōdan yoko mawashi uchi
Migi yoko keage/Hidari ken hidari koshi

Golpe horizontal no nível superior com o dorso do punho direito/Chute explosivo lateral com o pé direito/Punho esquerdo no lado esquerdo

33 Hidari empi uchi
Migi muki

34 Migi shō tsukami uke
Hidari shō migi tekubi

Migi zenkutsu-dachi

Golpe com o cotovelo esquerdo
Golpeie a palma direita.

Bloqueio agarrando com a palma direita/Segure o pulso direito com a mão esquerda

80

Ushiro muki/Kao migi muki

Hidari ashi-dachi

o tsukamu   **Kokō hiraku**
Ushiro muki gyaku hanmi

Hidari zenkutsu-dachi

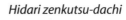

35 *Migi mae keage*

Chute explosivo para a frente com o pé direito

Ushiro muki hanmi

Migi ashi mae kōsa-dachi

Golpe vertical no nível superior com o dorso do punho direito   Rode sobre a perna esquerda, dê um passo à frente com o pé direito. Leve o pé esquerdo para trás do tornozelo direito para assumir a posição.

36 *Migi uraken jōdan tate mawashi uchi*

Hidari ashi-dachi

37 *Migi chūdan uchi uke*

Ushiro muki hanmi

Migi zenkutsu-dachi

Bloqueio no nível médio com a mão direita, de dentro para fora
Recue um passo com o pé esquerdo.

38 Hidari chūdan-zuki

Soco no nível médio
com a mão esquerda

39 Migi chūdan-zuki

Soco no nível médio
com a mão direita

Migi zenkutsu-dachi

Os Movimentos 38 e 39 são socos alternados.

altura do ombro. Desfira o chute crescente com o pé direito, batendo na palma esquerda enquanto dá um pequeno salto.

40 Mikazuki-geri

Chute crescente Mantenha a postura avançada à direita, gire os quadris para a esquerda. Enquanto vira a cabeça para a esquerda, estenda a palma esquerda para trás na

41 Fuse no shisei

Tsumasaki-dachi kakato ukasu

Migi ashi mae hikui zenkutsu-dachi

Posição de ir ao chão Imediatamente depois do chute crescente, gire os quadris vigorosamente para a esquerda. Estique a perna esquerda para trás enquanto o corpo ainda está no ar.

42 Hidari shutō gedan uke

Ushiro muki hanmi

Bloqueio de nível inferior com a mão esquerda em espada   Assuma a postura mudando a posição dos pés.

43 Migi shutō chūdan uke

Ushiro muki hanmi

Bloqueio de nível médio à direita com a mão direita em espada   Deslize o pé direito para a frente.

Migi kōkutsu-dachi (hikume)

Hidari kōkutsu-dachi

44 Hidari chūdan uchi uke

Bloqueio de nível médio à esquerda, de dentro para fora Rode sobre a perna direita, gire os quadris para a esquerda.

45 Migi chūdan oi-zuki

Soco de estocada no nível médio com a mão direita Deslize o pé direito para a frente.

Migi muki hanmi

Hidari zenkutsu-dachi

Migi muki

Migi zenkutsu-dachi

46 Migi chūdan uchi uke

Bloqueio de nível médio à direita, de dentro para fora   Rode sobre a perna esquerda, gire os quadris para a direita.

47 Hidari chūdan oi-zuki

Naore

Hidari muki

Hidari zenkutsu-dachi

Soco de estocada no nível médio com a mão esquerda
Deslize o pé direito para a frente.

Hidari muki hanmi

Migi zenkutsu-dachi

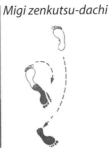

Hachinoji-dachi

Gire os quadris para a esquerda e leve a perna esquerda junto da direita para assumir a postura de *Yōi*.

KANKŪ SHO: PONTOS IMPORTANTES

Antes de praticar o Kankū Sho, você deve dominar totalmente os fundamentos de Heian 4 e ter assimilado perfeitamente todas as técnicas do Kankū Dai. A configuração das técnicas ofensivas e defensivas nos dois kata é praticamente a mesma, como também o são a velocidade e o vigor da rotação e as várias técnicas. A diferença está nos contra-ataques que usam o golpe com a mão em espada ou o chute para a frente depois de um bloqueio. No Kankū Dai, esses movimentos são desferidos principalmente no nível superior; no Kankū Sho, principalmente no nível médio.

Ao executar este kata, lembre-se de expressar três fatores: uso correto da força, velocidade das técnicas e a distensão e contração dos músculos. O karateca só dominará o Kankū Sho se compreender perfeitamente que o pulo alto e o giro baixo não são uma ação única.

1. Movimento 4. É incorreto executar o bloqueio de nível médio de dentro para fora depois de soquear. O modo correto de realizar esse bloqueio é relaxar imediatamente o cotovelo e girar o antebraço depois de soquear com força explosiva.

Não pode considerar-se hábil o karateca que não dominar perfeitamente esse soco. O soco não deve ser executado apenas com a força de investida. Deve-se dar expressão plena à elasticidade e flexibilidade do cotovelo.

Como se pode ver nas ilustrações, libere seu pulso que fica preso depois de soquear, puxando-o rápida e vigorosamente na sua direção; ao puxá-lo, gire-o.

O ponto importante é relaxar o cotovelo momentaneamente logo depois de soquear, o que possibilitará virar o pulso naturalmente e agarrar o braço. Não projete o cotovelo para fora. Leve-o para o lado do estômago. (*Ver também* Vol. 8, p. 143)

2. Movimento 7. Abra a mão direita e descreva um arco para a frente desde debaixo da mão esquerda, como se fosse pegar alguma coisa. Agarre o pulso direito com a mão esquerda. Mantenha unidos o polegar e os outros dedos.

De uma posição semivoltada para a frente firme e vigorosa, agarre o atacante e puxe-o com ambas as mãos. Leve o punho direito para o lado direito do estômago.

3. Movimentos 13/14. Depois do bloqueio de nível médio à direita com o antebraço direito e do bloqueio para baixo com a esquerda, erga o punho esquerdo com vigor diretamente acima do ombro direito, recuando ligeiramente o pé que está na frente. Golpeie imediatamente no nível médio à frente, descrevendo um pequeno arco.

Esse movimento também tem o objetivo de liberar o pulso esquerdo preso. Ver aplicação na página seguinte.

4. Movimentos 13/14. As fotos acima mostram a aplicação dos Movimentos 13 e 14 no kumite. Ao golpear, use os nós das segundas articulações da mão esquerda e soqueie a mão de soco ou o peito do atacante.

5. Movimentos 23/24. Depois do bloqueio lateral no nível superior, golpeie o plexo solar do oponente com o punho direito enquanto desliza os pés para a esquerda. Gire imediatamente os quadris para deslocar o corpo para a direita e desferir um soco de bloqueio com o braço direito contra o braço de soco do oponente. Ao mesmo tempo, atinja seu plexo solar com o punho esquerdo.

6. Movimentos 28/29. Bloqueie a vara inclinada para baixo com ambas as mãos e empurre com força diagonalmente para baixo para desequilibrar o oponente. Contra-ataque uma segunda vara que ataca por trás para atingir suas pernas saltando e girando para a esquerda. Ao chegar ao chão, invista contra o lado direito da cabeça do oponente com a mão em espada.

Mais do que a altura do salto, o ponto importante é dobrar e manter os joelhos perto do peito.

7. Movimentos 40/41. Virando a cabeça para trás, bloqueie o soco do oponente com a mão esquerda e desfira um chute crescente no nível médio. Faça imediatamente outro meio giro do corpo indo ao chão para evitar o ataque do oponente. Faça isso jogando o pé esquerdo para trás — depois de chutar, mas antes que o pé de chute toque o chão — enquanto gira o corpo no ar perto do chão. Mãos e pés tocam o chão ao mesmo tempo. Observe a importância de dar um pulo baixo.

Chinte

Yōi

Kamae de punhos diante do plexo solar. Punho direito (dorso para a frente) acima do punho esquerdo (dorso para baixo).

1 Migi kentsui chūdan tate mawashi uchi
   Hidari ken suigetsu mae kamae

Golpe vertical no nível médio à direita com o punho em martelo/Kamae do punho esquerdo diante do peito Lentamente, levante o punho em martelo direito até a frente da tes-

Embusen

Heisoku-dachi

Hidari kō shita muki

Heisoku-dachi

ta; em seguida, golpeie até o nível do ombro direito, aumentando gradualmente a força.

2 Hidari kentsui chūdan tate mawashi uchi
Migi ken suigetsu mae kamae

Golpe vertical no nível médio à esquerda com o punho em martelo/Kamae do punho direito diante do peito

Lentamente, levante o punho em martelo esquerdo até diante da testa; em seguida, golpeie até o nível do ombro esquerdo, aumentando gradualmente a força. Os Movimen-

Migi kō shita muki

Heisoku-dachi

tos 1 e 2 devem ser feitos lenta e continuamente, sem nenhuma pausa na respiração.

3 Ryō shō jōdan age-uke

Bloqueio ascendente no nível superior com as mãos em espada Rode sobre a perna direita, deslize o pé esquerdo para a frente e gire os quadris para a direita. Simultaneamente,

4 Migi chūdan tate shutō uke

Bloqueio no nível médio direito com a mão em espada vertical Rode sobre a perna esquerda, deslize o pé direito ligeiramente para a direita. A mão direita e o pé direito se movem simultânea e lentamente.

Migi te mae/Ryō kō uchi muki

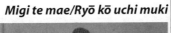

Kiba-dachi

levante ambas as mãos em espada na frente da testa até que os dedos indicadores e médios se toquem.

Migi fudō-dachi

5 Hidari chūdan tate-zuki

Soco vertical no nível médio com a mão esquerda Mantendo a mesma posição dos pés, endireite com vigor o joelho da perna de trás e gire os quadris. Contra-ataque com so-

6 Hidari chūdan tate shutō uke

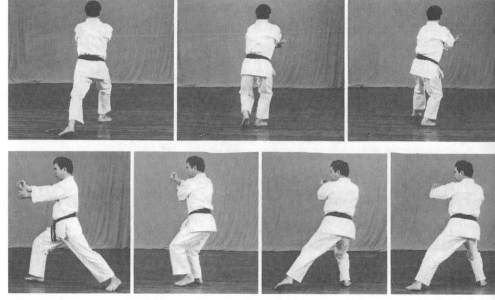

Bloqueio no nível médio esquerdo com a mão em espada vertical Rode sobre a perna direita, deslize o pé esquerdo ligeiramente para a frente. A mão esquerda e o pé esquerdo se movimentam simultânea e lentamente.

Migi zenkutsu-dachi

co inverso. (Golpeie a palma direita com o punho esquerdo.) Os Movimentos 4 e 5 devem ser realizados como bloqueio lento e soco rápido.

Hidari fudō-dachi

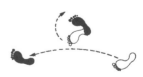

7 Migi chūdan tate-zuki

Soco vertical no nível médio com a mão direita Passe da postura imóvel para a postura avançada para executar o soco com o punho direito vertical. Golpeie a palma esquerda com o punho direito.

8 Migi chūdan tate shutō uke

Bloqueio de nível médio à direita com a mão em espada vertical

Hidari zenkutsu-dachi

Migi fudō-dachi

111

9 Hidari jōdan tate empi uchi

Golpe no nível superior com o cotovelo esquerdo vertical Passe da postura imóvel para a postura avançada para desferir golpe com o cotovelo para cima para atingir o rosto. (Golpeie a palma direita com o cotovelo esquerdo.)

10 Hidari chūdan shutō uke

Bloqueio de nível médio à esquerda com a mão em espada

Migi zenkutsu-dachi

Migi kōkutsu-dachi

11 Migi chūdan shutō uke

Bloqueio no nível médio à direita com a mão em espada   Rode sobre a perna esquerda, deslize o pé direito para a frente enquanto executa o bloqueio com a mão em espada.

12 Hidari chūdan mae-geri

Ryō te Kyodō 11 no mama

Chute no nível médio para a frente com o pé esquerdo/Mãos na mesma posição como no Movimento 11

Hidari kōkutsu-dachi

Migi ashi-dachi

115

13 Migi chūdan uchi uke
Hidari gedan uke

Migi zenkutsu-dachi

Bloqueio de nível médio com a mão direita, de dentro para fora/Bloqueio para baixo com a mão esquerda

14 Migi gedan uchi uke

Bloqueio de nível inferior com a mão direita, de dentro para fora   Deslize o pé esquerdo em direção ao pé direito para assumir a posição. Gire o pulso direito durante o bloqueio.

15 Hidari gedan haitō mawashi uke
Migi te suigetsu mae ni kamaeru

Bloqueio para baixo à esquerda com o dorso da mão/Kamae da mão direita diante do peito
Rode sobre a perna esquerda, gire os quadris para a direita e deslize o pé direito para a

Heisoku-dachi

Continue movimentando a mão direita num grande círculo, passando sobre a cabeça e parando na frente do baixo-ventre.

Migi kō shita muki

Kiba-dachi

direita para assumir a posição. Simultaneamente, movimente ambas as mãos num grande arco pelo lado esquerdo, mãos quase paralelas.

16 Migi gedan haitō mawashi uke
Hidari te suigetsu mae ni kamaeru

Bloqueio para baixo à direita com o dorso da mão/Kamae da mão esquerda diante do peito

17 Ryō ken chūdan kakiwake

Bloqueio em cunha inversa no nível médio

Hidari kō shita muki

Kiba-dachi

Ryō kō shita muki

Kiba-dachi

18 Ryō ken gedan-gamae
Migi ashikō hidari hiza ura ni soeru

Kamae *de punhos para baixo e para os lados*   Encoste o peito do pé direito na parte posterior do joelho esquerdo. Faça os Movimentos 16, 17 e 18 contínua e rapidamente.

Hidari ashi-dachi

121

19 *Migi nakadaka ippon ken chūdan uchi otoshi*

Bloqueio descendente de nível médio com um único nó do punho direito

20 *Hidari nakadaka ippon ken chūdan uchi otoshi*
Migi ken Kyodō 19 no mama

Bloqueio descendente de nível médio com um único nó do punho esquerdo   Mantenha o punho direito na mesma posição do Movimento 19.

Migi zenkutsu-dachi

Migi zenkutsu-dachi

21 Nihon nukite migi chūdan uchi uke

Bloqueio de nível médio com a mão direita em ponta de lança de dois dedos, de dentro para fora Mantendo a posição avançada, gire os quadris para a esquerda, ao mesmo tempo que movimenta o braço direito desde debaixo do cotovelo esquerdo.

22 Hidari nihon nukite jōdan age-zuki

Soco ascendente no nível superior com a mão esquerda em ponta de lança de dois dedos

Migi zenkutsu-dachi

Hidari zenkutsu-dachi

125

23 Nihon nukite hidari chūdan uchi uke

Bloqueio de nível médio com a mão esquerda em ponta de lança de dois dedos, de dentro para fora   Rode sobre a perna direita e afaste o pé esquerdo enquanto gira os quadris para a esquerda.

24 Migi nihon nukite jōdan age-zuki

Soco ascendente no nível superior com a mão direita em ponta de lança de dois dedos

Hidari zenkutsu-dachi

Migi zenkutsu-dachi

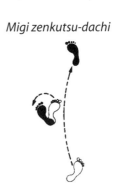

25 Migi teishō chūdan soto mawashi uke

Bloqueio de nível médio à direita com a base da palma circulando de fora para dentro Rode sobre a perna esquerda, gire os quadris para a esquerda.

26 Hidari teishō chūdan soto mawashi uchi

Golpe circular no nível médio, de fora para dentro, com a base da palma esquerda/Mão direita na mesma posição que no Movimento 25.

Migi fudō-dachi

Migi fudō-dachi

27 Ryō ken ryō gawa e hikiharau

Ambos os punhos para os lados

28 Ryō ken chūdan hasami-zuki

Soco em tesoura no nível médio Rode sobre a perna direita, gire os quadris rapidamente para a esquerda, rosto para a frente. Os Movimentos 27 e 28 devem ser executados contínua e rapidamente.

Migi fudō-dachi

Hidari fudō-dachi

29 Migi chūdan tate shutō uke

Bloqueio à direita com a mão em espada vertical

30 Hidari chūdan tate-zuki

Soco no nível médio com a mão esquerda vertical Golpeie a palma direita com o punho esquerdo.

Migi fudō-dachi

Migi zenkutsu-dachi

31 Hidari chūdan tate shutō uke

Bloqueio de nível médio com a mão esquerda em espada vertical

32 Migi chūdan tate-zuki

Soco no nível médio com a mão direita vertical

Hidari fudō-dachi

Hidari zenkutsu-dachi

Golpeie a palma esquerda com o punho direito.

135

33 Migi ken mune mae ni hikiyose
Hidari shō migi ken ni kabuseru

Punho direito diante do peito/Palma esquerda envolvendo o punho direito   Ao terminar o soco com o punho vertical, dê três pequenos saltos para trás, alinhando o pé esquerdo

Naore

Ryō hiji karuku mageru
Suri-ashi

Heisoku-dachi

com o pé direito no primeiro passo, e em seguida movimentando ambos os pés simultaneamente.

Hachinoji-dachi

CHINTE: PONTOS IMPORTANTES

Acredita-se que o nome *Chinte*, escrito com caracteres chineses que significam "extraordinário" e "mão", deriva das técnicas singulares do kata. O kata como um todo tem uma seqüência de movimentos que começa com tranqüilidade, torna-se vigorosa e termina na calma.

Há muito a aprender com este kata. Um ponto é o domínio da técnica de soquear usando a força gerada pela pressão do pé de trás contra o chão. Depois de bloquear na postura imóvel, o joelho do pé de trás é levado à frente para assumir a postura avançada.

Outro ponto é o *tateken*, raramente visto nas técnicas básicas de karatê, embora seja comum nas artes marciais chinesas. Há também técnicas para atacar os olhos com a mão em ponta de lança de dois dedos. Essa é uma técnica de autodefesa eficaz para mulheres que têm pouca força muscular.

O último movimento exige a sensação de força na calma, de ondas se afastando calmamente depois de se arremessarem contra a praia.

1. Movimentos 1/2. Leve o braço direito num movimento amplo que passe diante do rosto e continue para a direita. Golpeie o braço de ataque ou a clavícula do oponente com o punho em martelo. Vire imediatamente a cabeça para a esquerda e contra-ataque nessa direção com a mesma técnica. Essas duas ações são feitas com uma única respiração.

2. Movimento 3. Erga ambas as mãos na frente da testa e una os dedos. Ponha a palma direita atrás da mão esquerda e toque levemente a ponta dos dedos indicador e médio. Ao executar esse bloqueio, as mãos deslocam a linha do centro do corpo para cima. Para reduzir a força do adversário, puxe ligeiramente para si as mãos que bloqueiam.

3. Movimentos 9/10. Depois de golpear o queixo com o cotovelo para cima, gire os quadris vigorosamente para a esquerda com o pé direito como pivô enquanto executa bloqueio com a mão esquerda em espada. Passe da postura avançada à direita para a postura recuada à direita sem alterar a posição do joelho direito.

4. Movimento 14. Contra um chute frontal, movimente o braço para baixo num movimento amplo, virando o pulso para dentro, e bloqueie com a parte do antebraço do lado do polegar. Continue o amplo movimento em giro para cima e desequilibre o oponente. Durante essa ação, leve o pé de trás para junto do pé da frente a fim de assumir a postura de pés unidos.

5. Movimento 15. Bloqueie o ataque do chute que vem da esquerda com o dorso da mão esquerda e leve ambas as mãos acima da cabeça para tirar o equilíbrio do atacante.

6. Movimento 16. Contra um chute e um soco vindos da direita, bloqueie o chute com o dorso da mão direita e agarre o braço de soco do atacante com a mão esquerda. Levando o cotovelo esquerdo para o lado do estômago, movimente o dorso da mão direita para cima. (Observe a semelhança com a aplicação do Movimento 15.) Essa ação deve derrubar o oponente.

Os braços são movimentados de modo semelhante à projeção do ombro em círculo (*kata-guruma*) do judô.

7. Movimento 18. Suponha que depois do bloqueio em cunha inversa no nível médio você seja atacado pela frente com uma vara ou com um chute. Como não há tempo para esquivar-se do ataque, levante rapidamente o pé direito atrás do joelho esquerdo para assumir a postura de uma só perna e executar o bloqueio para baixo.

8. Movimento 22. O ataque com a mão em ponta de lança de dois dedos contra os olhos não requer muita força. O ponto importante é o trajeto percorrido pela mão. Ela deve descrever um semicírculo que sobe desde uma posição baixa para atingir o alvo.

9. Movimentos 26/27. Para rebater um ataque de soco frontal, golpeie vigorosamente a parte interior do pulso do atacante com a base da palma. Simultaneamente, desfira um golpe vigoroso no cotovelo com a base da palma esquerda. Agarre o pulso do atacante com a mão direita e puxe com força para trás à direita. É importante dobrar e apertar completamente o pulso.

10. Movimento 28. Contra um ataque no nível médio vindo de trás, gire os quadris para a esquerda, com o pé direito como pivô, e execute o soco em tesoura nas laterais do corpo do atacante. Abaixe bem os quadris para obter eficácia máxima.

Glossário

age-uke: bloqueio para cima
age-zuki: soco ascendente
ashi: pé, perna
ashiko: dorso do pé

bō: vara

chichi: mamilo
chūdan: nível médio
chūdan uchi: golpe no nível médio
chūdan-zuki: soco no nível médio

embusen: linha de execução
empi: cotovelo
empi uchi: golpe com o cotovelo

fudō-dachi: postura imóvel
furioroshi uchi: golpe girando para baixo
fuse no shisei: posição de ir ao chão

gawa: lado
gedan: nível inferior
gedan barai: bloqueio para baixo
gedan uke: bloqueio no nível inferior
gyaku hanmi: posição invertida semivoltada para a frente

hachinoji-dachi: posição de pernas abertas

haitō: dorso da mão em espada
hanmi: posição semivoltada para a frente
harau: aparar, desviar
hasami-zuki: soco em tesoura
heisoku-dachi: postura de pés unidos
hidari: esquerdo
hiji: cotovelo
hikiharau: limpar
hikiyose: puxar para perto
hikui: baixo
hineri: giro, volta
hiraku: aberto
hitai: testa
hiza: joelho

ichi: um
ikken hissatsu: matar com um só golpe

jōdan: nível superior

kabuseru: envolver, embrulhar
kaikomu: segurar (sob o braço)
kaiten: virar
kakato: calcanhar
kakiwake uke: bloqueio em cunha inversa

kamae: postura, posição
kao: rosto, face
karuku: ligeiramente, levemente
kasaneru: empilhar, amontoar
kata: ombro
kata-guruma: roda do ombro
kazasu: segurar no alto
keage: chute explosivo
kekomi: chute de estocada
ken: punho
kentsui uchi: golpe com punho em martelo
kiba-dachi: postura do cavaleiro
kimi: decidir
kō: dorso do punho
kōhō: para trás
kokō: boca de tigre
kōkutsu-dachi: postura recuada
kōsa-dachi: postura de pés cruzados
koshi: quadril
kyodō: movimento

mae: frente, na frente de, diante
mae keage: chute rápido para a frente
maeude: antebraço, pulso
mageru: inclinar
mama: como é
mawashi uchi: golpe circular
mawashi uke: bloqueio em círculo
migi: direita
migi ashi-dachi: posição da perna direita
migi ashi mae: posição da perna direita à frente
mikazuki-geri: chute crescente
morote: ambas as mãos
morote uke: bloqueio com os dois braços, um apoiando o outro
mune, peito
musubi-dachi: postura informal de atenção, dedos dos pés para fora

nakadaka ippon ken: punho com o nó do dedo médio
naname: diagonalmente, obliquamente
naore: retorno a *yōi*
neko ashi-dachi: postura do gato
nihon nukite: mão em lança de dois dedos
nobashi: endireitar, estender

oi-zuki: soco de estocada
oshinobasu: empurrar, estender
otoshi: caindo

renoji-dachi: postura em L
ryō: ambos

sahō: direção à esquerda
shita muki: voltado para baixo
shita ni: embaixo, abaixo
shizen-tai: posição natural
shō: palma
shōmen: frente, adiante
shōmen muki: voltado para a frente
shutō: mão em espada
shutō uke: bloqueio com a mão em espada
shutsui: punho em martelo
soeru: prender, enganchar
sokumen: lado
sokutō: pé em espada
soto: de fora para dentro
soto muki: voltado para fora
suigetsu: plexo solar
sukui uke: bloqueio com a palma da mão em concha
sun: unidade de comprimento, cerca de 3cm
sun-dome: deter uma técnica antes de fazer contato
suri-ashi: deslizar os pés

tanden: centro de gravidade
tateken: punho vertical

tate mawashi uchi: golpe vertical circular
tateru: levantar
tate shutō: mão em espada vertical
tate-zuki: soco com o punho vertical
te: mão
teishō: base da palma
tekubi: pulso, antebraço
tobiagari: saltar, pular
tomo ni: junto
tsukami uke: bloqueio agarrando
tsukami yose: agarrando e puxando
tsukamu: pegar, agarrar
tsuki uke: bloqueio golpeando
tsumasaki-dachi: postura da ponta dos dedos dos pés

uchi: golpe
uchi uke: bloqueio de dentro para fora
ue: acima, em cima

ue muki: voltado para cima
uhō: direção à direita
ukasu: flutuar
uke: bloqueio
ura: atrás, lado de trás
uraken: dorso do punho
ushiro muki: voltado para trás

yaya: ligeiramente
yaya asaku: ligeiramente raso
yōi: postura de prontidão
yoko: lado
yoko barai: bloqueio lateral
yoko keage: chute explosivo lateral
yoko uchi: golpe para o lado
yoko uke: bloqueio para o lado

zanshin: estado relaxado, mas alerta e em prontidão
zenkutsu-dachi: postura avançada
zenpō: direção para a frente

Impresso por :

gráfica e editora

Tel.:11 2769-9056